BEI GRIN MACHT SICH IHR WISSEN BEZAHLT

AF131193

- Wir veröffentlichen Ihre Hausarbeit,
  Bachelor- und Masterarbeit

- Ihr eigenes eBook und Buch -
  weltweit in allen wichtigen Shops

- Verdienen Sie an jedem Verkauf

Jetzt bei www.GRIN.com hochladen
und kostenlos publizieren

GRIN ☺

Bibliografische Information der Deutschen Nationalbibliothek:

Die Deutsche Bibliothek verzeichnet diese Publikation in der Deutschen National-
bibliografie; detaillierte bibliografische Daten sind im Internet über http://dnb.d-
nb.de/ abrufbar.

Impressum:

Copyright © 2016 GRIN Verlag, Open Publishing GmbH
Druck und Bindung: Books on Demand GmbH, Norderstedt Germany
ISBN: 9783668190658

Dieses Buch bei GRIN:

http://www.grin.com/de/e-book/319768/repraesentativitaetsheuristik-als-moeglich-
keit-der-minimierung-eignungsdiagnostischer

Anonym

Repräsentativitätsheuristik als Möglichkeit der Minimierung eignungsdiagnostischer Fehleinschätzungen bei der Personalauswahl

GRIN Verlag

GRIN - Your knowledge has value

Der GRIN Verlag publiziert seit 1998 wissenschaftliche Arbeiten von Studenten, Hochschullehrern und anderen Akademikern als eBook und gedrucktes Buch. Die Verlagswebsite www.grin.com ist die ideale Plattform zur Veröffentlichung von Hausarbeiten, Abschlussarbeiten, wissenschaftlichen Aufsätzen, Dissertationen und Fachbüchern.

Besuchen Sie uns im Internet:

http://www.grin.com/

http://www.facebook.com/grincom

http://www.twitter.com/grin_com

Minimierung eignungsdiagnostischer Fehleinschätzungen bei der Personalauswahl am Beispiel der Repräsentativitätsheuristik

Abschließende Hausarbeit des
Moduls Grundlagen der Psychologie

EUROPÄISCHE FERNHOCHSCHULE HAMBURG
STUDIENGANG BETRIEBSWIRTSCHAFT UND WIRTSCHAFTS-
PSYCHOLOGIE

18. Februar 2016

Inhaltsverzeichnis

Abbildungsverzeichnis

Einleitung

Jedes Unternehmen ist bestrebt, die besten Mitarbeiter für sein Unternehmen zu finden und, nach Möglichkeit, langfristig zu binden. Dies ist gerade in aktuellen Zeiten des Fachkräftemangels wichtig, denn hauptsächlich der demografische Wandel sorgt im Bereich Personalmanagement dafür, dass zukünftig nicht genug bzw. ausreichend qualifizierte Arbeitskräfte zur Verfügung stehen werden (Achouri, 2010).

Wie und mit welchen Methoden man den besten Bewerber findet, damit beschäftigt sich die Eignungsdiagnostik. Die Verfahren bzw. Methoden der Eignungsdiagnostik werden seit vielen Jahren erforscht, weiterentwickelt und verbessert. Schuler (2014) bietet hierzu eine interessante Übersicht, von den ersten Schritten der Eignungsdiagnostik 1000 Jahre vor Christi (DuBois 1970, nach Schuler, 2014), über den eigentlichen Beginn der psychologischen Diagnostik Ende des 19. Jahrhunderts (Hermann, 1966; nach Schuler, 2014) bis zu den heutigen ISO- und DIN-standardisierten, online-gestützten Methoden (Schuler, 2014).

Doch auch wenn die Methoden der eignungsdiagnostischen Personalauswahl in der heutigen Zeit recht zuverlässig sind, bleiben die darauf basierenden Entscheidungen nicht frei von Fehlern. Grund dafür sind Störgrößen, wie bspw. Heuristiken. Diese Faustregeln erleichtern zwar Entscheidungen, weil sie schnell, sparsam und ausreichend genau sind, führen aber unter Umständen zu systematischen Fehleinschätzungen (Werth & Mayer, 2008). Und damit auch zur Fehlbesetzung der Vakanz als auch daraus resultierend zu Kosten.

Die nachfolgende Arbeit soll sich damit beschäftigen, wie durch Heuristiken hervorgerufene eignungsdiagnostische Fehleinschätzungen entstehen und wie diese sich minimieren lassen. Zu Beginn werden der Begriff Heuristik allgemein sowie beispielhaft die Repräsentativitätsheuristik definiert und erklärt. Anschließend werden die zentralen Erkenntnisse der Repräsentativitätsheuristik dargelegt, eher anhand eines selbst erdachten

Beispiels die Gefahr von Heurisiken im Bereich der Personalauswahl aufgeführt wird. Im letzten Teil der Arbeit werden Handlungsempfehlungen vorgeschlagen, wie man eignungsdiagnostische Fehleinschätzungen im Bereich Personalauswahl minimieren kann. Zu diesen Empfehlungen erfolgt eine persönliche Einschätzung der Machbarkeit sowie eine abschließende Stellungnahme.

1. Heuristiken

1.1 Was sind Heuristiken?

Der Begriff Heuristik stammt aus dem Altgriechischen (heurisko) und kann übersetzt werden mit „suchen" oder „finden" (Grünig & Kühn, 2009). Eine in der Wissenschaft akzeptierte Definition des Begriffes stammt von Feigenbaum und Feldmann (1963, S.6, nach Grünig & Kühn, 2009, S. 53):

„A heuristic... is a rule of thumb, strategy, trick, simplification, or any other kind of device which drastically limits search for solutions in large problem spaces."

Diese „einfachen Denkstrategien für effizientere Urteile und Problemlösungen" (Myers, 2008, S. 433), auch als Faustregeln oder Urteilsheuristiken bezeichnet, ermöglichen eine „schnelle, sparsame und meist hinreichend genaue Urteilsbildung" (Werth & Mayer, 2008, S. 52).

Der Mensch wird tagtäglich mit vielen Informationen konfrontiert, gerade in der heutigen Zeit erfolgt durch die Massenmedien ein massiver Input. Da die Kapazität der Informationsbearbeitung bei Menschen aber begrenzt ist, greift er häufig zu diesen mentalen Abkürzungen, mal bewusst, mal unbewusst (Werth & Mayer, 2008). So können Urteile oder Entscheidungen in kurzer Zeit und mit geringem Wissen gefällt bzw. getroffen werden und führen dennoch in vielen Fällen zu einer befriedigenden Lösung.

Eine optimale Lösung durch Heuristiken kann allerdings nicht garantiert werden, man kann nicht einmal garantieren, dass überhaupt eine Lösung gefunden wird (Grünig & Kühn, 2009). Der Nachteil von Heuristiken ist, dass sie fehleranfällig sind und zu systematischen Fehleinschätzungen führen können. Diese Fehler oder Verzerrungen werden als biases bezeichnet (Werth & Meyer, 2008). Tversky und Kahneman (1974; nach Mattheus, 2014) fassten es so zusammen: *„In general, these heuristics are quite useful, but sometimes they lead to severe and systematic errors".*

1.2 Beispiel Repräsentativitätsheuristik

Die Repräsentativitätsheuristik ist, neben der Verfügbarkeits-, der Anker- und Anpassungsheuristik sowie der Simulationsheuristik, eine der von Tversky und Kahneman (1974, nach Fischer, Asal, Krueger, 2013) eingeführten Heuristiken, deren Grundidee darin besteht, dass Menschen bei der Urteilsfindung stark von Ähnlichkeiten beeinflusst werden.

„If it looks like a duck, swims like a duck, and quacks like a duck, then it probably is a duck."(Fischer et al., 2013).

Diese beispielhafte Aussage gibt anschaulich wider, wie die Repräsentativitätsheuristik funktioniert. Wenn ein Objekt (Ereignis, Sachverhalt, Person, etc.) bestimmte Eigenschaften aufweist, die für eine bestimmte Kategorie typisch sind, wird dieses der entsprechenden Kategorie zugeordnet (Fischer et al.,2013). Die Ereignisse können mit einer bestimmten Wahrscheinlichkeit einer bestimmten Kategorie zugeordnet werden (Beauducel, Leue, 2014).

Akert und Wilson (2010) sprechen von einem Prototypen, der in unserer Vorstellung existiert, und anhand dessen wir in der Lage sind, ähnliche Objekte entsprechend zu kategorisieren.

Wie alle Heuristiken birgt aber auch die Repräsentativitätsheuristik Fehler. So entsteht beispielsweise eine Urteilsverzerrung, wenn man zu sehr auf die Ähnlichkeiten achtet, anstatt die grundlegenden Wahrscheinlichkeiten einer Kategorie zu beachten. Diesen Effekt bezeichnet man als Basisratenfehler (base rate neglect), der die bekannteste Urteilsverzerrung im Zusammenhang mit der Repräsentativitätsheuristik darstellt (Fischer et al., 2013).

Akert und Wilson (2010) beschrieben dazu ein Beispiel, bei dem die Herkunft eines Studenten einzig auf seine Äußerlichkeit zurückgeführt wurde, obwohl die Wahrscheinlichkeit, dass der Student aus der gleichen Stadt kommt, statistisch gesehen viel höher ist. Würde man von dieser basis rate ausgehen, wäre die Wahrscheinlichkeit, die korrekte Herkunft vorherzusagen, um einiges größer.

2. Erkenntnisse zur Repräsentativitätsheuristik

2.1 Der Basisratenfehler

Eine der Studien von Tversky und Kahneman (1973, nach Eysenck & Keane, 2005), das „lawyer-engineer problem", führte zur Entdeckung des Basisratenfehlers. Bei dem Experiment gab es zwei Gruppen, deren Teilnehmer folgende Beschreibung erhielten:

> „Jack is a 45-year-old man. He is married and has four children. He is generally conservative, careful, an ambitious. He shows no interest in political and social issues and spends most of his free time on his many hobbies wich include home carpentry, sailing, and mathematical pizzles"

> (Tversky & Kahneman,1982, nach Gigerenzer, 1991, S. 11).

Die Teilnehmer wurden gefragt, ob Jack ein Jurist oder ein Ingenieur sei. Dabei wurde den Probanden mitgeteilt, dass diese Beschreibung per Zufall aus insgesamt 100 Beschreibungen herausgezogen wurde. Der einen Gruppe wurde mitgeteilt, dass diese 100 Beschreibungen zu 70 Juristen und 30 Ingenieuren gehörte, bei der zweiten Gruppe wurden 30 Juristen und 70 Ingenieure angegeben.

Trotz der unterschiedlichen Basisinformation entschieden sich knapp 90% der Teilnehmer dafür, dass Jack ein Ingenieur sei. Das heißt, die Probanden fällten ihr Urteil auf Basis der äußeren Beschreibung und beachteten die Basisinformationen nicht.

Fiedler (1988) hat in einer ähnlichen Studie trotz vorgegebener base rate information ein ähnliches Ergebnis erhalten, welches den Basisratenfehler ebenfalls bestätigte.

Griffin und Buehler (1999, nach Eysenck & Keane, 2005) nahmen eine durchsichtige Plastikbox mit 70 weißen und 30 grünen Bällen. Die Teilnehmer der Studie erhielten die Information, dass in den weißen Bällen entweder die Beschreibung eines Juristen oder Ingenieurs steckt. Die Teilnehmer sollten als Erstes das Verhältnis der grünen zu den weißen Kugeln schätzen. Mit geschlossenen Augen sollten sie anschließend eine Kugel ziehen und erhielten eine Beschreibung von Jack. Schließlich schätzten sie entweder die Wahrscheinlichkeit, ob Jack ein Ingenieur sei, oder wie viele von 10 Beschreibungen derjenigen entsprechen, die Jack als Ingenieur beschreibt. Diese Studie ergab, dass die Basisrateninformationen (base rate information) einen größeren Effekt auf die Häufigkeitsurteile haben als auf die Wahrscheinlichkeitsurteile, und somit Häufigkeitsformate in Hinsicht auf die Urteilsgenauigkeit nützlich sein können.

2.2 Der Konjunktionseffekt

In einer weiteren Studie stießen Tversky und Kahneman (1983) auf den Konjunktionseffekt, auch bekannt als conjunction fallacy.

Dazu wurde den Teilnehmern folgende Beschreibung einer Frau namens Linda gegeben:

> *"Linda is 31 years old, single, outspoken, and very bright. She majored in philosophy. As a student, she was deeply concerned with issues of discrimination and social justice, and also participated in anti-nuclear demonstrations."*

> (Tversky und Kahneman, 1983; nach Eysenck & Keane, 2005, S. 487)

Im Ursprung sollten die Teilnehmer nun aus 8 Aussagen ein Ranking bilden, später wurden lediglich zwei Aussagen übernommen:

> *1. Linda is a bank teller*

2. Linda is a bank teller and is active in the feminist movement.

Über 90% der Teilnehmer aus der ursprünglichen Studie entschieden sich für Aussage 2 und unterlagen somit der conjunction fallacy (Jost, 2013). Denn gemäß dem Grundsatz der Wahrscheinlichkeit kann die Wahrscheinlichkeit für eine Konjunktion nicht größer sein als für ein einzelnes Ereignis.

In einem weiteren Test wurde der erste Satz erweitert „Linda is a bank teller and not active in the feminist movement". Dennoch wählten 57% der Teilnehmer Antwort 2. (Tversky & Kahneman, 1983; nach Gartmeier, 2015)

In weiteren Studien konnten bspw. Fiedler (1983) oder Manis, Shedler, Jonides und Nelson (1993) den Effekt der Konjunktion ebenfalls bestätigen (Greifeneder, Bless, Fiedler, Strack, 2014).

3. Fallbeispiel für eignungsdiagnostische Fehlurteile bei der Personalauswahl durch die Repräsentativitätsheuristik

Wie sich die Repräsentativitätsheuristik auf die eignungsdiagnostische Personalauswahl auswirken kann, zeigt das folgende Fallbeispiel:

Herr Hippelig ist Geschäftsführer der Chaos GmbH & Co. KG, ein Familienunternehmen, das mit knapp 43 Mitarbeitern im Bereich Softwareprogrammierung und Consulting tätig ist. Da das Unternehmen kontinuierlich wächst, bekommt Herr Hippelig immer mehr zu tun und ist seit einiger Zeit mit seinen Aufgaben überlastet. Aus diesem Grund hat er sich dazu entschlossen, eine Assistentin einzustellen, die ihm einen Teil der administrativen Aufgaben abnehmen soll.

Er gibt seiner Mitarbeiterin Frau Sorglos, die den Bereich Personal und Lohnbuchhaltung führt, den Auftrag, eine Stellenanzeige in der lokalen Tageszeitung zu schalten. Er hat bereits klare Vorstellungen von der idealen Assistentin und möchte die endgültige Auswahl selbst übernehmen. Frau Sorglos schaltet daraufhin eine Anzeige in der Zeitung, die von den Bewerbern unter anderem Zuverlässigkeit, ein gepflegtes Äußeres und eine positive Ausstrahlung verlangt.

Innerhalb weniger Tage erhält das Unternehmen einige Bewerbungen zu der Vakanz. Herr Hippelig, arbeitsmäßig wie immer sehr eingespannt, bittet Frau Sorglos, eine Vorauswahl entsprechend seiner ursprünglichen Vorgaben zu treffen. Also sortiert Frau Sorglos die Bewerber aus, bei denen sie der Meinung ist, sie wären für die Position als Assistentin nicht geeignet. Am Ende hat sie noch 6 Bewerber (4 weibliche, 2 männliche), bei denen Qualifikation und Erfahrungen ähnlich sind, und die den Anforderungen gerecht werden.

Herr Hippelig bekommt von Frau Sorglos die Unterlagen der ausgewählten Bewerber, von denen sie denkt, dass sie auf die Stellenbeschreibung passen. In der Mittagspause geht Herr Hippelig die Bewerbungen schnell einmal durch. Die beiden männlichen Bewerber sortiert er aus, da er sich einen Mann in der Position nicht vorstellen kann. Außerdem kommt er mit weiblichen Kollegen besser aus.

Von den vier verbleibenden, weiblichen Bewerbern sortiert er eine Mutter mit 2 Kindern aus. Da er vom Hören-Sagen weiß, wie oft Kinder krank werden können, geht er davon aus, dass diese Bewerberin mit Sicherheit jedes Mal fehlen würde, wenn eines ihrer Kinder krank würde. Das hieße im Umkehrschluss, dass die Arbeit letztlich wieder an ihm hängen bliebe. Dann braucht er auch keine Assistentin, wenn die ohnehin nie da ist…

Die Unterlagen einer 44-jährigen Bewerberin werden von Herrn Hippelig ebenfalls aussortiert. Obwohl die Kandidatin den Anforderungen entspricht und viel Erfahrung im Assistenzbereich mitbringt, ist das Alter der Bewerberin doch ein Dorn im Auge des Geschäftsführers. Gerade kürzlich hat er sich nämlich mit einem Bekannten unterhalten, der ebenfalls Geschäftsführer in einem Unternehmen ist, und der von seinen nicht so guten Erfahrungen mit älteren Mitarbeitern berichtete. Demnach seien diese nicht sehr belastbar, haben eine zu geringe Auffassungsgabe und sind nicht mehr so motiviert wie junge Mitarbeiter. Das entspricht nicht den Vorstellungen von Herrn Hippelig.

Somit hat Herr Hippelig noch 2 Kandidatinnen, von denen beide seinem Ideal entsprechen. Er bittet Frau Sorglos, beide Bewerberinnen für den nächsten Tage einzuladen, am besten um die Mittagszeit, jeweils für eine halbe Stunde. Das sollte reichen, schließlich muss er sich ja nur für eine der beiden Bewerberinnen entscheiden. Frau Sorglos macht daraufhin Termine mit den beiden Damen, um 12 Uhr für Kandidatin 1, Kandidatin 2 um 12:30 Uhr.

Die erste Bewerberin, die am Folgetag um 12 Uhr eingeladen wurde, ist Frau Zickig. Allerdings ist die 26-jährige gleich 10 Minuten zu spät, was ihr glücklicherweise nicht zum Verhängnis wird. Denn Herr Hippelig ist seinerseits ebenfalls zu spät und taucht erst Minuten nach dem Eintreffen von Frau Zickig auf. Er findet sofort Gefallen an der Bewerberin, die passend gekleidet ist, eine attraktive Ausstrahlung hat und freundlich wirkt. Sie entspricht genau seinen Vorstellungen einer Assistentin. Ungefähr 25 Minuten dauert das lockere Gespräch und Herr Hippelig ist bereits sicher, die passende Assistentin gefunden zu haben.

Derweil wartet Frau Höflich schon auf ihr Gespräch, das nun mit fast 15 Minuten Verspätung anfängt. Herr Hippelig wirkt etwas gestresst, da bereits der nächste Termin wartet. Seine Laune wird nun etwas schlechter und er will das Gespräch schnell hinter sich bringen. Frau Höflich ist zwar ebenfalls passend gekleidet, wirkt auf Herrn Hippelig mit ihrem schwarzen Rock, der weißen Bluse und dem schwarzen Blazer allerdings etwas streng. Frau Höflich wirkt auf ihn unsympathisch, sie erinnert ihn sehr an seine ehemalige Lehrerin, die er nie leiden konnte. Die guten Bewertungen aus den Zeugnissen kann er irgendwie nicht nachvollziehen, außerdem ist eine Lücke im Lebenslauf. So richtig passt das alles nicht für Herrn Hippelig, er entscheidet sich gedanklich bereits für Frau Zickig.

Kurze Zeit später fängt Frau Zickig als Assistentin von Herrn Hippelig an. Dieser freut sich und ist erleichtert, dass er endlich Unterstützung hat.

Leider währt diese Freude nicht lange. In den folgenden Wochen entpuppt sich Frau Zickig als absoluter Fehlgriff. Wie sich zeigte, ist sie den Aufgaben nicht gewachsen und versteht es auch nicht, sich und ihre Arbeit zu organisieren. Herr Hippelig muss ein ums andere Mal diverse Vorgänge erneut bearbeiten, weil Frau Zickig ständig Fehler macht. Zudem ist sie recht launisch und lässt dies sehr oft an den Kollegen aus, die sie mitunter auch gerne mal von oben herab behandelt. Dadurch ist sie bereits nach kurzer Zeit schon die unbeliebteste Kollegin im Unternehmen. Auch die Arbeitseinstellung lässt zu wünschen übrig. Ihre Abwesenheitstage häuften sich mit der Zeit, besonders Montags scheint die feierfreudige Frau Zickig regelmäßig mit starker Migräne zu kämpfen. Herr Hippelig ist frustriert und wütend. Wie konnte das nur passieren?

Dies lässt sich anhand des gesamten Ablaufes recht gut erklären. Es fing bereits damit an, dass Herr Hippelig seine Assistentin unbedingt alleine aussuchen wollte, anstatt dies Frau Sorglos zu überlassen, die aufgrund Ihrer Tätigkeit mit dem Thema Personalauswahl weitaus mehr Erfahrung hat. Herr Hippelig hatte bereits ein genaues Bild einer Assistentin im Kopf, was aber die Stellenausschreibung recht schwammig und oberflächlich werden ließ.

Dennoch hat Frau Sorglos bereits die Vorauswahl übernommen und geeignete Kandidaten und Kandidatinnen herausgefiltert, die ihrer Erfahrung nach die Position am ehesten ausfüllen konnten.

Bei der weiteren Auswahl durch Herrn Hippelig fielen die meisten Bewerber dann der Repräsentativitätsheuristik zum Opfer, da er gedanklich bereits einen Prototypen vor Augen hatte, wie seine Assistentin auszusehen hatte.

Die männlichen Bewerber hatten zwar die gleiche Qualifikation wie die weiblichen, wurden aber bereits aufgrund ihres Geschlechts aussortiert. Sie entsprachen von vornherein nicht dem Prototypen.

Auch die Mutter von 2 Kindern fällt der Repräsentativitätsheuristik zum Opfer, da Herr Hippelig bereits vorab überzeugt ist, dass Mütter oft mit ihren Kindern krankgeschrieben sind. Hier greift in gewisser Hinsicht der Konjunktionseffekt, da Herr Hippelig nicht davon ausgeht, dass die Mutter im Falle einer Krankheit des Kindes vielleicht trotzdem arbeiten kann. Dass ein Kind krank wird, ohne dass die Mutter zu Hause bleiben muss, hält er für unwahrscheinlich.

Der 44-jährigen Bewerberin werden die Erfahrungen des befreundeten Geschäftsführers zum Verhängnis. Obwohl Herr Hippelig vielleicht keine ähnlichen Erfahrungen gemacht hat, lehnte er die Bewerberin trotzdem ab.

Frau Höflich erfüllte alle Bedingungen, die Herr Hippelig stellte. Dennoch wurde ihr die Repräsentativitätsheuristik ebenfalls zum Verhängnis. Die Ähnlichkeit mit der ehemaligen Lehrerin führte letztlich dazu, dass Herr Hippelig keine Sympathien für Frau Höflich aufbringen konnte und sie ebenfalls ablehnte.

Somit bekam Frau Zickig die Stelle, die zwar oberflächlich betrachtet dem Prototypen des Herrn Hippelig entsprach, fachlich und menschlich aber eine Katastrophe war…

4. Handlungsempfehlungen für die Personalauswahl

Wenn bei der Personalauswahl Fehler gemacht werden, kann dies für Unternehmen sehr teuer werden. So schätzen Berndt und Wierzchowski, dass eine Fehlbesetzung im Jahr um die 50.000€ kostet, bei Führungskräften ist die Summe weitaus höher. Dazu kommt ein Zeitverlust für die erneute Suche nach einem neuen Mitarbeiter, ein Imageverlust bei Kunden droht und die Mitarbeiter werden aufgrund des zusätzlichen Arbeits- oder Einarbeitungsaufwands demotiviert. Daher gilt es, Handlungsempfehlungen zu finden, um durch Heuristiken verursachte Fehlurteile bei der Personalauswahl zu vermeiden. Im Folgenden sollen zwei Möglichkeiten näher betrachtet werden.

4.1 Erstellen eines Anforderungsprofils

In erster Linie ist es empfehlenswert, ein Anforderungsprofil für die zu besetzende Position zu erstellen. Warum? Weil es während des gesamten Prozesses der Personalauswahl als Leitfaden dient. So definieren Lorenz und Rohrschneider (2009) verschiedene Aufgaben, die ein Anforderungsprofil ausübt. Es bildet bspw. die Grundlage für die Stellenausschreibung, spart Zeit, gibt alle relevanten Informationen zu den Bewerbern wider, ermöglicht einen Vergleich zwischen den Erwartungen des Unternehmens und der Qualifikation des Bewerbers, oder vermeidet Abstimmungsprobleme zwischen den am Auswahlprozess beteiligten Mitarbeitern.

Mit Hilfe eines Anforderungsprofils lassen sich am Ende Zeit und vor allem Kosten einsparen. Gerade bei Ausschreibungen mit großer Resonanz ist es vorteilhaft, durch ein vorliegendes Anforderungsprofil den Überblick zu behalten. Werden die Auswahlkriterien nicht schriftlich festgehalten, sondern nur in Gedanken formuliert, besteht die Gefahr, dass diese im Verlauf des Bewerbungsprozesses nicht mehr genau oder nur noch halbherzig verfolgt werden (Lorenz & Rohrschneider, 2009).

Wird kein Anforderungsprofil erstellt, können Bewerber auch nicht nach festgelegten und gewichteten Kriterien bewertet und ausgewählt werden. In dem Fall werden Entscheidungen eher durch Bauchentscheidungen getroffen, bzw. durch Sympathie oder Antipathie (Kahlke & Schmidt, 2004; nach Weuster, 2012). Eine Bewerberauswahl erfolgt dann durch die subjektive Vorstellung des Entscheiders, der seinerseits einen entsprechenden Prototypen bereits in Gedanken hat (Rastetter, 1996; nach Weuster, 2012).

Bevor allerdings ein solches Profil erstellt werden kann, sollte eine genaue Analyse über die verlangten Fähigkeiten des neuen Stelleninhabers erfolgen. Hierbei wird ein Soll-Profil erstellt, welches in Muss-Anforderungen und Wunsch-Anforderungen unterteilt werden kann. Dabei sind die Muss-Anforderungen zwingend notwendig, die Wunsch-

Anforderungen dagegen eher ein nice-to-have und erst in der Endphase des Einstellungsprozesses entscheidungsrelevant (Lorenz & Rohrschneider, 2012).

Inhaltlich sollte in einem Anforderungsprofil festgelegt werden, welche fachlichen und sozialen Kompetenzen der Stelleninhaber besitzen sollte. Alle gewünschten Qualifikationen müssen detailliert aufgeführt werden, sowohl fachliche Qualifikationen und Verhaltenskompetenzen als auch Persönlichkeit (Lorenz & Rohrschneider, 2012). Berndt und Wierchowski (2014) empfehlen eine Gliederung in Hard Facts, Soft Skills und Motivation. Weuster (2012) nennt als Komponenten des Anforderungsprofils die Bereiche Bildungsprofil, Berufserfahrungsprofil, Persönlichkeitsprofil und Ergänzende Profile.

Wie auch immer man das Profil aufbaut und an welche Empfehlung man sich hält, dieses Profil bildet am Ende den Maßstab für die Bewerber und den nachfolgenden Bewerbungsprozess.

Anforderungsprofil eines HR-Shared-Service-Center-Agents							
Frontoffice				Backoffice			
Dimension	Ausprägung			Dimension	Ausprägung		
	1	2	3		1	2	3
Fachkompetenz							
Kaufmännische Ausbildung			X	Kaufmännische Ausbildung			X
Personalwirtschaftliche Kenntnisse	X			Personalwirtschaftliche Kenntnisse			X
Berufserfahrung im HR-Bereich		X		Berufserfahrung im HR-Bereich			X
Fremdsprachenkenntnisse		X		Fremdsprachenkenntnisse		X	
Sozialkompetenz							
Soziale Flexibilität/ Kommunikationskompetenz			X	Soziale Flexibilität/ Kommunikationskompetenz		X	
Kundenorientierung/-pflege			X	Kundenorientierung/-pflege			X
Teamorientierung		X		Teamorientierung	X		
Methodenkompetenz							
Zielwahrnehmung		X		Zielwahrnehmung	X		
Emotionale Wahrnehmung			X	Emotionale Wahrnehmung	X		
Prozesswahrnehmung	X			Prozesswahrnehmung		X	
IT-Affinität	X			IT-Affinität			X
Entwickeln angemessener Lösungsstrategien		X		Entwickeln angemessener Lösungsstrategien	X		
Persönlichkeitskompetenz							
Belastbarkeit/Stressresistenz			X	Belastbarkeit/Stressresistenz			X
Selbstmanagement	X			Selbstmanagement		X	
Leistungsbereitschaft/Engagement		X		Leistungsbereitschaft/Engagement		X	

Abb. 4.1 Beispiel eines Anforderungsprofils (Quelle: www.hrm.de/fachartikel/erfolgreich-rekrutieren-für-hr-shared-service-center, 2012)

Wird sich während des Bewerbungs- bzw. Auswahlprozesses strikt an das Anforderungsprofil gehalten, wird die Gefahr von Fehlurteilen durch die Repräsentativheuristik stark gemindert. Die detaillierten Vorgaben minimieren die Gefahr von subjektiven Urteilen aufgrund bestehender Prototypen des Entscheiders. Und je qualitativer das Anforderungsprofil ist, desto qualitativer ist das Ergebnis der Entscheidung.

4.2 Das strukturierte Interview

Von allen möglichen Auswahlverfahren sind bei den Unternehmen immer noch die traditionellen Bewerbungsgespräche am beliebtesten. Gemäß einer Umfrage (Staufenbiehl, 2014) steht das Bewerbungsgespräch mit der Fach- und Personalabteilung mit 80% weit abgeschlagen auf Platz 1, dahinter folgen das Telefoninterview, das strukturierte Interview oder das Gespräch mit der Fachabteilung.

Aus der nachfolgenden Tabelle wird ersichtlich, dass die Unternehmen eine persönliche Interaktion mit den Bewerbern weiterhin favorisieren.

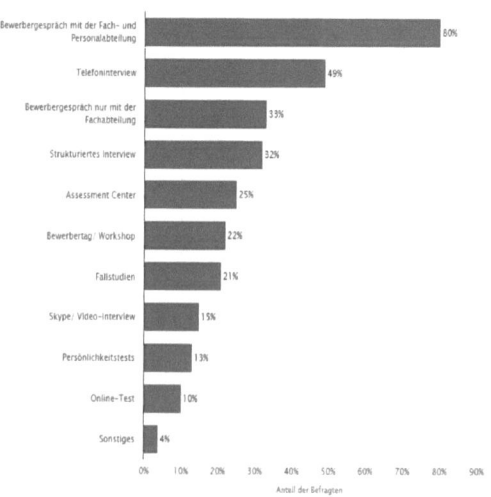

Abb. 4.2.: Auswahlverfahren in Unternehmen (Quelle http://de.statista.com/statistik/daten/studie/409381/umfrage/auswahlverfahren-deutscher-unternehmen-bei-bewerbung-von-akademikern/)

Das Bewerbungsgespräch ohne Struktur birgt die Gefahr, dass Heuristiken die Entscheidungen maßgeblich beeinflussen. Die subjektive Wahrnehmung lässt sich nicht gänzlich ausschalten, daher sollten bei der Personalauswahl nach Möglichkeit objektiv messbare und beurteilbare Faktoren eine übergeordnete Rolle spielen (Habitzl, Havranek, Brandner-Richter, 2012).

Um bspw. den Konjunktureffekt oder den Basisratenfehler zu umgehen, bzw. deren Auftreten zu minimieren, wird ein strukturiertes Interview empfohlen. Dieses erfreut sich mit 32% einer immer größer werdenden Beliebtheit bei den Verfahren. Die folgende Grafik veranschaulicht einmal, wie der Einsatz strukturierter Interviews in den Jahren 1993 bis 2007 gestiegen ist:

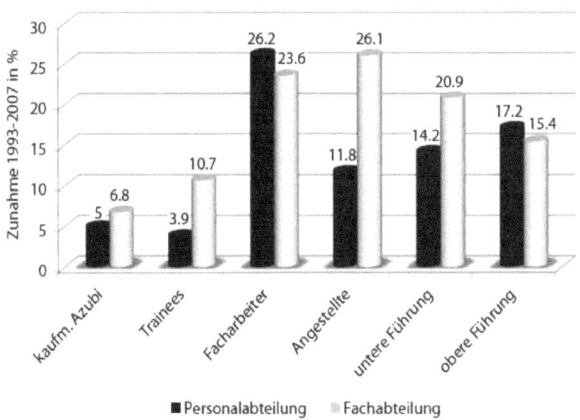

Abb. 4.3.: Zunahme strukturierter Einstellungsinterview in deutschen Unternehmen 1993 bis 2007 (Kanning, 2015; nach Schuler et al., 2007)

Im Vergleich zum „normalen" Bewerbungsgespräch ohne Struktur bietet das strukturierte Interview wenig Flexibilität. Die Themenbereiche, die daraus resultierenden Fragen und der Gesprächsverlauf werden bereits vorab definiert. Die Vergleichbarkeit der Bewerber ist damit optimaler, weil bei allen gleich verfahren wird und sich auf die wesentlichen Punkte konzentriert wird (Lüdemann & Lüdemann, 2008). Dazu verbessert sich die Aussagekraft des Einstellungsinterviews mit Struktur gleich um das Achtfache! (Kanning, 2015).

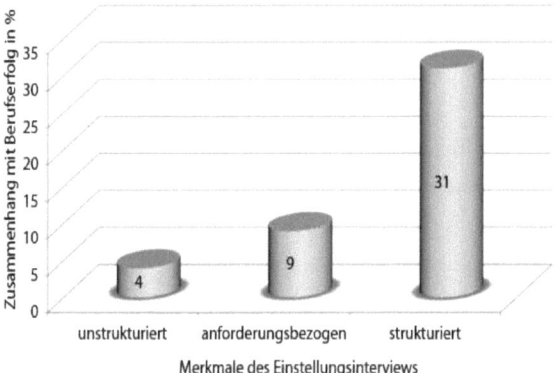

Abb. 4.4.: Prognose des Berufserfolgs mit Hilfe von Einstellungsinterviews (Kanning, 2015; nach Huffcut & Arthur, 1994)

Die Durchführung des Interviews erfolgt in mehreren Phasen anhand des definierten Anforderungsprofils und wird durch mindestens 2 Interviewer geführt. Dabei hat sich als vorteilhaft erwiesen, wenn ein Interviewer aus der entsprechenden Fachabteilung kommt und ein zweiter aus dem Personalbereich. Dies ist sinnvoll, weil die Interviewer aufgrund ihrer verschiedenen Aufgaben im Unternehmen unterschiedliche Blickwinkel auf den Bewerber haben und die fachlichen Kompetenzen mehr beachtet werden. Insgesamt erhält man einen besseren Gesamteindruck der Bewerber (Hablützel, 2007)

Ein strukturiertes Bewerbungsgespräch verläuft in den meisten Fällen wie folgt:

1. *Begrüßung und Einleitung des Gesprächs*

2. *Motive der Bewerbung und Leistungsmotivation*

3. *Beruflicher Werdegang, aktuelle Beschäftigung*

4. *Persönlicher, familiärer und sozialer Hintergrund*

5. *Gesundheitszustand*

6. *Berufliche Kompetenz und Eignung*

7. *Informationen für den Bewerber*

8. *Arbeitskonditionen*

9. *Fragen des Bewerbers*

10. *Abschluss und Verabschiedung*

(Lüdemann & Lüdemann, 2008, S. 51)

Die Punkte 1 und 10 sind dabei als fix zu betrachten, alle anderen Punkte können in der Reihenfolge nach Belieben variiert werden. Unter Umständen werden die Punkte auch auf 2 Gespräche aufgeteilt, so zum Beispiel das Thema Arbeitskonditionen. (Lüdemann & Lüdemann, 2008).

Die Anwendung strukturierter Interviews hat einige Vorteile (Hablützel, 2007; Habitzl et al., 2012). Sie bieten den Interviewern ein Gerüst mit allen für die Position wichtigen Punkten, an dem sie sich orientieren können. Dadurch reduziert sich die Gefahr, während eines Gespräches den roten Faden zu verlieren und in „Geschwafel" zu verfallen. Die vordefinierten Fragen verhindern Suggestivfragen des Interviewers. Alle Bewerber erhalten die gleichen Fragen, damit lassen sich die individuellen Antworten besser vergleichen. Zudem hat man am Ende durch die Abarbeitung des Fragebogens und entsprechende Mitschriften alle relevanten Informationen zu den Bewerbern beisammen.

Insgesamt bietet das strukturierte Interview damit ausreichend Möglichkeiten, die Gefahr von eignungsdiagnostischen Fehlurteilen durch die Repräsentativitätsheuristik einzudämmen. Wenngleich auch diese Methode nicht komplett verhindern kann, dass die letzliche Entscheidung in gewissem Maße durch die Heuristik gesteuert wird.

5. Machbarkeit der Handlungsempfehlungen – Persönliche Stellungnahme

Wie soll man verhindern, dass man bei der Personalauswahl ein Opfer von Heuristiken wird? Ist das überhaupt möglich?

Wir Menschen sind in meinen Augen nicht dazu gemacht, stets rational zu denken und Entscheidungen und Urteile danach zu treffen, was logisch oder was wahrscheinlich ist.

Denn Bauchentscheidungen oder Intuition sind letztlich auch die Dinge, die uns erst zu Menschen machen. Und mit Sicherheit ist es auch nicht verkehrt, ab und an auf sein Bauchgefühl zu hören. Denn oftmals liegen wir damit genau richtig.

Solange sich in einem Bewerbungsprozess Menschen gegenüber sitzen, spielen Sympathie und Antipathie immer eine Rolle. Dementsprechend wird auch immer eine subjektive Beurteilung des Gegenübers getroffen. Ob die nun am Ende ausschlaggebend für die Entscheidung ist, sei dahingestellt. Aber ich bin überzeugt, dass dies zumindest nicht irrelevant ist, wenn mehrere Kandidaten auf eine Stelle passen.

Es kann auch gar nicht das Ziel der Handlungsempfehlungen sein, die Urteilsverzerrungen komplett auszuschalten. Aber es ist möglich, den Einfluss von Heuristiken auf Entscheidungen soweit zu minimieren, dass sie sich für das Unternehmen nicht nachteilig auswirken. Dazu bieten meines Erachtens Anforderungsprofile die beste Unterstützung. Wenn die Anforderungen von vornherein detailliert festgelegt sind, können sie als Leitfaden in Kombination mit einem strukturierten Interview dafür sorgen, dass die Chancen für eine optimale Entscheidung sehr hoch sind. Wenn die Entscheidungsträger bzw. Interviewer (Personalsachbearbeiter, Führungskräfte, etc.) dazu noch entsprechend geschult werden und den vorgegebenen Leitfaden professionell befolgen, dürfte der Einfluss der Heuristiken auf ein Minimum reduziert werden.

Wichtig ist, dass durch die Handlungsempfehlungen vor allem die Folgen von eignungsdiagnostischen Fehlurteilen minimiert werden. Die hohen Kosten durch eine Fehlbesetzung, die demotivierten Mitarbeiter, die Mehrarbeit leisten müssen oder die sinkende Produktivität. All das ließe sich vermeiden, wenn Personalentscheidungen strategisch, strukturiert und mit entsprechender Sorgfalt getroffen werden.

6. Literaturverzeichnis

Achouri, C. (2010). *Recruiting und Placement 2. Auflage.* Wiesbaden: Gabler GWV Fachverlage.

Beauducel, A., & Leue, A. (2014). *Psychologische Diagnostik.* Göttingen: Hogrefe Verlag GmbH & Co. KG.

Berndt, C., & Wiezchowski, B. (2015). *Systematische Bewerberinterviews 2. Auflage.* Freiburg: Haufe-Lexware GmbH & Co. KG.

Betsch, T., Funke, J., & Plessner, H. (2013). *Allgemeine Psychologie für Bachelor: Denken – Urteilen, Entscheiden, Problemlösen.* Berlin Heidelberg: Springer-Verlag.

Eysenck, M. W., & Keane, M. T. (2005). *Cognitive Psychology: A Student`s Handbook.* Hove, East Sussex: Psychology Press Ltd..

Fiedler, K. (1988). The dependence of the conjunction fallacy on subtle linguistic factors. *Psychological Research,* 50, S. 123-129.

Fiedler, K., Brinkmann, B., Betsch, T., & Wild, B. (2000). A Sampling Approach to Biases in Conditional Probability Judgments: Beyond Base Rate Neglect and Statistical Format. *Journal of Experimental Psychology: General,* 129, S. 399-418.

Fischer, P., Asal, D. K., & Krueger, P. J. (2013). *Sozialpsychologie Bachelor: Lesen, Hören, Lernen im Web .* Berlin Heidelberg: Springer-Verlag.

Gigerenzer, G. (1991). How to Make Cognitive Illusions Disappear: Beyond „Heuristics and Biases". In W. Stroebe, & M. Hewstone, *European Review of Social Psychology, 2,* S. 83-115.

Gigerenzer, G., & Hoffrage U. (1995). How to Improve Bayesian Reasoning Without Instruction: Frequency Formats. In *Psychological Review, 102.,* S. 684-704.

Greifeneder, R., Bless, H., Fiedler, K., &Strack F. (2004). *Cognitive Psychology: Social Cognition: How Individuals Construct Social Reality.* Hove, East Sussex: Psychology Press Ltd..

Grünig, R., & Kühn, R. (2009). *Entscheidungsverfahren für komplexe Probleme: Ein heuristischer Ansatz 3. Auflage.* Berlin Heidelberg: Springer Verlag.

Habitzl, G., Havranek, C., & Brandner-Richter, E. (2005). *Suche und Auswahl von neuen Mitarbeitern: Professionell und rasch zu den besten Köpfen.* Wien: Linde Verlag.

Hablützel, M. (2007). *Bewerber-Mustergespräche für erfolgreiche Interviews.* Zürich: Praxium-Verlag.

Kanning, U. P. (2012). Personalauswahl- Mythen, Fakten, Perspektiven. In M. T. Thielsch, & T. Brandenburg, *Praxis der Wirtschaftspsychologie II Themen und Fallbeispiele für Studium und Anwendung* (S. 9-25). Münster: Verlagshaus Monsenstein und Vannerdat OHG.

Jost, P. (2000). *Organisation und Motivation: Eine ökonomisch-psychologische Einführung.* Wiesbaden: Springer Fachmedien.

Lamberts, K., & Goldstone R. L. (2005). *Handbook of Cognition.* Trowbridge Wiltshire: The Cromwell Press Ltd..

Lorenz M., & Rohrschneider, U. (2009). *Erfolgreiche Personalauswahl: Sicher, schnell und durchdacht.* Wiesbaden: Gabler GWV Fachverlage.

Myers, D.G. (2008). *Psychologie 2. Auflage.* Heidelberg: Springer Medizin Verlag.

Schuler, H. (2014). *Psychologische Personalauswahl 4. Auflage.* Göttingen: Hogrefe Verlag GmbH & Co. KG.

Werth, L., & Mayer, J. (2008). *Sozialpsychologie.* Berlin Heidelberg: Springer-Verlag.

Weuster, A. (2012). *Personalauswahl II Internationale Forschungser-gebnisse zum Verhalten und zu Merkmalen von Interviewern und Bewer-bern 3. Auflage*. Wiesbaden: Gabler Verlag Springer Fachmedien.

www.statista.de   (2014)
http://de.statista.com/statistik/daten/studie/409381/umfrage/auswahlverfa
hren-deutscher-unternehmen-bei-bewerbung-von-akademikern/ (zuletzt
besucht: 17.02.2016)